Mon petit dictionnaire de la NATURE

texte de Marie-Renée Pimont

images de Trish Lengyel

Cerf-volant

A a 𝒜 a

des algues

Plantes de différentes couleurs qui poussent au fond de la mer et des rivières.

un arbre

Son tronc est fixé à la terre par les racines. Branches et feuilles en forment la cime.

un ananas

Gros fruit des pays chauds, au jus très sucré. Il pousse entouré de feuilles piquantes.

un arc·en·ciel

Bande de sept couleurs en forme d'arc qui illumine parfois le ciel pendant une averse.

A a 𝒜 a   B b ℬ b

l'automne

Saison où les arbres
perdent leurs feuilles.
Les jours raccourcissent,
il pleut assez souvent.

un bleuet

Jolie fleur bleue de plus
en plus rare qui pousse
en été dans les champs
de blé.

des bananes

Fruits des pays chauds
qui poussent sur le
bananier en grappes
appelées régimes.

des boutons d'or

Fleurs du printemps aux
pétales jaune d'or qui
poussent au bord des
routes et dans les prés.

C c 𝒞 𝒸

un cactus

Plante qui pousse
dans le désert avec peu
d'eau. Ses épines le
protègent des animaux.

des champignons

Plantes sans racines ni
feuilles, mais avec un
pied et un chapeau.
Certains sont dangereux.

une cascade

Chute d'eau très rapide
qui dévale le long des
hautes parois rocheuses
en montagne.

un chardon

Plante dont les feuilles
ont des épines très
piquantes et des racines
très profondes.

C c 𝒞 𝒸 D d 𝒟 𝒹

des châtaignes

Fruits du châtaignier qui se développent dans une bogue très piquante qui tombe en automne.

un coquelicot

Fleurs avec de fragiles pétales rouges et une tige poilue qui poussent l'été dans les blés.

une clairière

Espace sans arbres au milieu de la forêt où les animaux viennent parfois manger l'herbe.

le désert

Région couverte de sable et de pierres où il fait très chaud. La pluie n'y tombe que très rarement.

E e *E e*

l'été

Saison où les jours sont les plus beaux, les plus chauds et les plus longs de l'année.

les étoiles

Petits points lumineux que l'on voit, la nuit, dans le ciel quand il n'y a pas de nuages.

un étang

Etendue d'eau douce plus petite qu'un lac où l'on élève des poissons pour les pêcheurs.

une falaise

Haute paroi de pierre qui tombe à pic dans la mer. Beaucoup d'oiseaux y font leur nid.

le feu

Dégagement de flammes,
de lumière et de chaleur
dû à un matériau qui
brûle, comme le bois.

la forêt

Grand espace où poussent
beaucoup d'espèces
d'arbres. De nombreux
animaux y vivent.

une feuille

La feuille permet à
l'arbre de respirer.
Sa partie verte est
parcourue de nervures.

une fourmilière

Habitation en forme de
petit mont construite
par les fourmis. La
reine y pond ses œufs.

F f 𝓕 𝒻   G g 𝒢 𝓰

fraises des bois

Fruits du fraisier,
rouges quand elles sont
mûres. De petits grains
parsèment leur surface.

un glacier

Grand fleuve de neige
gelée que l'on trouve
près des sommets,
en haute montagne.

des galets

Cailloux lisses qui ont
été polis et arrondis
par l'eau de la mer
ou de la rivière.

des glands

Fruits du chêne couverts
d'un chapeau, le cupule.
L'écureuil en ramasse
pendant l'automne.

G g $\mathcal{G}$ g H h $\mathcal{H}$ h

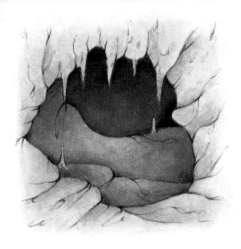

une grotte

Creux de grande taille
dans le sol ou dans les
rochers. On l'appelle
aussi une caverne.

de l'herbe

Plante à la tige toute
molle. Elle pousse bien
verte un peu partout
au printemps.

l'hiver

Saison où les jours sont
courts. Il fait froid,
il neige. Les arbres
n'ont plus de feuilles.

une haie

Clôture d'arbustes de
toutes sortes que l'on
trouve autour des
champs et des jardins.

H h *H h* I i *I i*

du houx

Arbuste à boules rouges
et à feuilles vertes,
brillantes et piquantes
qui ne tombent jamais.

une inondation

Après de fortes pluies,
l'eau déborde des
fleuves, des rivières,
et recouvre les champs.

un iceberg

Enorme bloc de glace qui
flotte sur la mer. Sa
plus grande partie est
cachée sous l'eau.

un iris

Fleur qui pousse en été
dans les sols humides.
Ses feuilles sont aussi
grandes que sa tige.

des jonquilles

Fleurs qui poussent au printemps dans les prés. Elles ont un cœur en forme de trompette.

du lilas

Arbuste qui se couvre au printemps de grappes de fleurs très parfumées, violettes ou blanches.

un lac

Grande étendue d'eau douce que l'on trouve soit en montagne, soit au milieu des terres.

la lune

Petite planète sans air ni eau, qui tourne autour de la Terre. Elle est visible la nuit.

M m *M* *m*

des marguerites

Fleurs à longs pétales blancs dont les tiges se dressent très haut l'été dans les prés.

du mimosa

Petit arbre qui donne de jolies fleurs jaunes très parfumées. Il aime les régions chaudes.

la mer

Immense étendue d'eau salée, agitée par le mouvement des vagues et des marées.

une montagne

Enorme masse rocheuse au sommet soit pointu, soit arrondi, parfois recouvert de neige.

M m 𝓜 m N n 𝒩 n

du muguet

Fleur blanche en forme de petite clochette que l'on cueille dans les bois au mois de mai.

un nénuphar

Plante aux feuilles flottantes qui vit sur les étangs. Son unique fleur se ferme la nuit.

des mûres

Petits fruits noirs que l'on cueille à la fin de l'été sur un arbuste appelé le mûrier.

un nid

Abri construit par un oiseau. C'est là qu'il couve ses œufs, puis élève ses petits.

N n *N n* O o *O o*

des noisettes

Fruits secs d'automne qui poussent dans un noisetier. Elles sont très appréciées des écureuils.

des nuages

Amas de gouttes d'eau montées de la mer sous forme de vapeur et qui retomberont en pluie.

des noix

Fruits du noyer. Elles poussent dans une coque de bois entourée d'une pelure verte : le brou.

une oasis

Seul endroit situé dans le désert où l'on peut trouver de la végétation, des arbres et de l'eau.

O o *O O o* P p *P p*

des olives

Petits fruits verts ou
noirs de forme ovale.
On presse les olives
pour faire de l'huile.

des pâquerettes

Petites fleurs roses et
blanches. Leurs pétales
se referment la nuit
et par temps humide.

un orage

Pendant l'orage, il
pleut fort, les éclairs
illuminent le ciel,
le tonnerre gronde.

un pissenlit

Plante à fleur jaune qui
se transforme en boule
blanche garnie de
graines qui s'envolent.

P p 𝒫 p

une plage

Etendue de sable bordant la côte, visible à marée basse, recouverte par la mer à marée haute.

la pluie

Elle tombe du ciel par milliers de gouttes devenues trop lourdes pour rester dans le nuage.

une planète

Enorme boule qui tourne autour du Soleil en suivant une trajectoire appelée orbite.

pommes de pin

Fruits du sapin en forme de cônes. En mai, les écailles s'écartent et les graines tombent.

P p 𝒫 𝓅   R r ℛ 𝓇

une prairie

Grande étendue de terre couverte d'herbe et de trèfle dont se régalent les animaux.

le printemps

Saison où la nature revit après le repos de l'hiver. Les jours deviennent plus longs.

des primevères

Fleurs du printemps de toutes les couleurs qui poussent en touffes dans les prairies et les forêts.

une rivière

Cours d'eau plus large qu'un ruisseau qui longe les prairies avant de se jeter dans un fleuve.

R r *R r* S s *S s*

des rochers

Gros blocs de pierre.
On grimpe sur les
rochers au bord de la
mer ou en montagne.

le soleil

Enorme étoile très
éloignée de la Terre.
Il nous donne la chaleur
et la lumière du jour.

un sapin

C'est l'arbre de Noël.
Il porte des aiguilles
vertes et aplaties qui
ne tombent jamais.

une taupinière

Petit tas de terre
rejeté par la taupe
quand elle creuse ses
galeries souterraines.

T t 𝒯 t

la tempête

Pendant la tempête, le
vent souffle très fort.
En mer, les vagues
deviennent très grosses.

un terrier

Trou qu'un animal a
creusé dans la terre
pour lui servir d'abri
et y loger ses petits.

une tornade

Enorme coup de vent
qui emporte tout sur
son passage, même les
toits des maisons.

un torrent

Cours d'eau qui bondit
sur les rochers en
descendant très vite
de la montagne.

T t 𝒯 𝓉 V v 𝒱 𝓋

du trèfle

Plante qui a le plus souvent trois feuilles. S'il en a quatre, on dit qu'il porte bonheur.

des violettes

Petites fleurs composées de cinq pétales. Elles parfument les prés et les bois au printemps.

le vent

Courant d'air puissant qui fait s'envoler les feuilles et qui pousse les nuages dans le ciel.

un volcan

Montagne qui peut entrer en éruption. Son cratère crache alors de la lave et des cendres.